JN440301

나의 꽃이 너의 꽃이 되었다

김성렬 시집

문학의전당 시인선
0324

나의 꽃이 너의 꽃이 되었다

김성렬 시집

문학의전당

시인의 말

학창 시절
아버지 직업란을 쓸 때마다 창피해했던 적이 있다.

그 유산을
내 아이들에게 물려주기 싫어서
나는 시인이 되었다.

2020년 6월
김성렬

차례

제2부

제3부

제4부

제1부

유산

내가 빡빡머리 소년일 때
안방에서 툭,
태양이 졌다

그 뒤로 우리 집안은
오래오래 캄캄했다

어마어마한 사람

오랜만에 만난 친구와 반가움을 주체 못하겠다는 듯 낄낄거리며 걸어가는데 인도 구석진 곳에 웅크리고 앉아 오가는 행인들 살피던 한 노인이 불쑥 손을 내민다 천성이 여린 친구가 노인의 눈높이만큼 쭈그려 앉아 가죽뿐인 노인의 손에 천 원짜리 몇 장 꼬옥 쥐어준다 봉급으로 식구들 간수하기도 빠듯할 텐데 꼬박꼬박 봉사단체 기부도 하는 녀석이다 그 모습 물끄러미 지켜보며 누군가를 위해 기꺼이 지갑 연다는 것은 아무나 할 수 있는 게 아닌데 싶었다 그날 내 눈에 비친 친구는 감히 엄두도 낼 수 없는 어마어마한 사람이었다

맞선

맞선 보러 다니며 알게 된 사실은 여자들은 모두 협상의 귀재라는 것이다

관심

KTX 열차에 올라
좌석 찾아 통로 걸어가는데
뽀글뽀글 파마머리 중년 여자
푹 꺼진 의자 등받이에 몸을 기댄 채
손에 든 책을 읽고 있다

어디선가 본 듯한 얼굴
자꾸 되돌아보게 하는 얼굴

화장실 가는 승객처럼
나는 자주
그 앞을 왔다 갔다 했다

외출

운전석에 앉아
엄마 기다리는 딸
궁디 곰팡이 슬까봐
집에 전화를 한다
오랜만에 외출이라 마음 급한데
마음 따로 손 따로
밤새 끙끙 앓으며
긴긴 밤을 뒤채던 엄마
옷매무새 가다듬으며 뼈있는 한마디 한다
젊은 너만 여자고
엄마는 여자도 아닌 줄 아니?
나도 여자다 이것아!
무스로 치장한 파마머리
립스틱 칠한 입술
하이힐 차림 발견한 딸
내가 못산다 못살아!

이사

비싼 도심에 가게 얻어
장사하던 친구 내외
긴긴 불황의 늪에 빠진 탓일까
땅 꺼지게 한숨만 늘어가더니
재산 깡그리 날렸다
내 낡은 트럭에
손때 묻고 눈물 얼룩얼룩한
살림 싣고
변두리 셋집으로 이사를 간다
나들이 차량들 틈에 갇혀
좀처럼 앞으로 나아가지 못한다
군것질 바구니 든 날랜 아저씨
차량들마다 호두과자 하나씩 건넨다
나도 아내와 연애할 때
가끔 사먹던 추억의 호두과자
쩝쩝 입맛 다실 때
힐긋 곁눈질하던 아저씨 그냥 간다
머쓱한 친구와 딴청 피울 때

창가에 앉은 친구 마누라
눈가가 촉촉이 젖는다

불황의 그늘

동네 서점 폐업한 골목에 술과 웃음을 파는 술집이 개업했다 그 골목은 집으로 가는 지름길이었다 붉게 선팅한 유리 안을 아이들이 힐끔힐끔 훔쳐보며 지나갔다 화장으로 미간을 숨긴 주인여자의 화려한 미소가 골목을 지배하기 시작했다 전봇대 아래 질펀하게 오줌발 갈긴 뒤 몸을 떠는 취객이 그 골목의 풍경이 되었다 똥 누는 폼으로 앉아 꽥꽥 오리 울음소리 내는 취객이 그 골목의 일상이 되었다

서점 폐업하기 전,
그 골목에 은은하게 흐르던 책 향기는 온데간데없고 술 향기만 넘쳐흘렀다

옥탑방

셋방 얻으러 종일 다리품 팔며 돌아다녀도 지상의 방은 비쌌다 하는 수 없이 싼 옥탑방으로 이사를 했다 아침에 출근할 때 버스 놓칠까봐 계단 쿵, 쿵, 쿵 울리게 뛰어 내려가다 보면 금세 허기가 졌다 퇴근할 때 한 계단, 두 계단 턱밑까지 차오르는 거친 숨 몰아쉬며 난간 붙잡고 몇 번 쉬어야 겨우 집에 닿았다

입주

오늘만을 기다렸다는 듯
이삿짐 싣고 아파트 입주하는 날
차단기 내려진 경비실 앞에
택시가 끼이익, 멈춰서더니
가을볕에 그을린 수숫대 같은 노부부
농산물 보따리 챙겨 내리신다
도시가 생소한 듯, 주변 살피더니
할멈에게 건네받은 주소를 내게 스윽 내민다
그걸 경비원에게 내밀었더니
노부부 아래위 훑어보다가
입주민과 어떤 관계냐 꼬치꼬치 캐묻는다
근엄한 경비원 제복 차림에 주눅 든 노인
눈짓으로 내게 도움을 청한다

골절

동료들 부축 받으며
구급차 타고 응급실 도착해
이곳저곳 엑스레이, CT 찍더니
골절이라며 당장 입원하란다
새벽밥 먹고 종종걸음으로 일터 도착했다
해종일 뼈마디 삐걱거릴 때마다
통증 참으며 이슥토록 해를 짊어지고
만 원짜리 몇 장 건네주던 그날
생각하면 입원비 무서워 퇴원한 뒤
목발에 의지한 지 달포!
골절된 몸은 언젠가 아물겠지만
가장인 나로 인해
가족들 마음 골절될까봐
그게 더 괴롭고 무섭다

기적

가난 때문에 접어야 했던
문학의 꿈마저 마음에서 떠났구나 생각했는데
수십 년 지난 어느 날
문학에 대한 열정이 생경한 듯
더듬더듬 떠올랐다

그날 이후 문학은
아무리 뿌리치려 해도 뿌리칠 수 없는
신앙이 되어버렸다

그런 내가
여태껏 이혼 당하지 않고
온전히 살아남은 것은
거의 기적에 가깝다

귀농

귀농 부부가
늙은 농부들 손발 되어주는 오후

농부 한 걸음
소 한 걸음
엇박자 걸음으로 삽짝 들어설 때

폐가였던 굴뚝에서
저녁밥 짓는 연기 꽃피울 때

마을에 생기가 돈다

상속

자식들 불러다 놓고
빚더미 유산 물려주려는데
서로 눈치만 살필 뿐
아무도 받지 않으려는 눈치다
입맛 다시며 한마디 했다
빚은 너희들 공부, 결혼 빚이다!
어서 받아라
자식들 앞에
빚더미 유산 스윽 내밀자
당황한 기색이 역력하다
차려놓은 밥도 먹지 않고
제 식구들 챙겨 집을 나선다
어깻죽지 짓누르던 빚더미
깡그리 물려준 뒤
사뿐 내려앉아
홀씨처럼 살고 싶었는데
자식들이 협조를 안 한다

전단지 내력

일찍 집에 간다 해도 반겨줄 사람도 없는데 싫은 오후, 쇼윈도 몰골 비춰보며 걸어갈 때 중년 부부가 날 막아서며 따끈따끈한 전단지를 스윽 내민다 신호등 앞에서 손에 든 전단지 스윽 훑어보니 집안 돌아나가는 바람처럼 치매 부모를 찾는단다 치매 부모 길거리 방치한다는 후레자식들 뉴스 접할 때마다 씁쓸한 세상 탓하곤 했는데 아직 세상은 살 만하구나, 바람에 휩쓸리는 전단지처럼 집으로 왔다

보수공사

낮에 괜찮던 몸이
잠자리에 들면
밤을 뒤척이게 한다

뇌혈관, 관상동맥, 요로결석
이게 다 밥 벌어 먹고 사는 동안
몸을 너무 혹사한 탓이다

집도 보수공사를 하며 살아가듯
그동안 써먹은 몸도 늙으면
보수공사를 해줘야 한다

다달이 병원 들락거리며
누군가에게
신세를 져야 한다

제2부

눈꺼풀이 무겁다

해가 뜨려면 이른 시간
데운 국물에 찬밥을 말아
후루룩 쩝쩝 삼킨 뒤
썰렁한 버스에 올라타자
바랑 하나씩 가슴에 끌어안고
밥 벌러 가는 가장들
무거운 눈꺼풀 탓일까
팔짱 끼고 앉아 꾸벅꾸벅 존다
술 냄새, 땀 냄새, 한숨 소리 눌어붙은
푹 꺼진 의자 등받이
비스듬히 기대앉은 나도
꾸벅꾸벅 졸며
일터로
밥 벌러 간다

쓰나미

구내식당 밥 지겨워
회사 동료들 따라
근처 비빔밥 식당에 갔다
양푼냄비 비빔밥 쓱쓱 비벼
한 그릇 뚝딱 비워도
식감이 나지 않는다
일찍 퇴근한 저녁
밥상머리 앞에서 아내에게
가끔 시골집에 가면
어머니가 틈틈이 텃밭에 두엄을 져 날라
수확한 푸성귀 넣고 비벼주시던
맛이 나지 않는다 했더니
신토불이 거섶 아니라
수입산 거섶 때문이란다
젠장, 이대로 가면
식단도 일터도 모두
내어주게 생겼다

별리

집 나간 백구는 몇 달째 보이지 않고 스피커에서 개장수 목소리 들릴 때마다 가슴 조마조마하던 어느 날 서러운 눈에 귀 쫑긋 세운 백구를 근처 허름한 식당가 골목에서 만났다 집 나가면 개고생이라더니 백구는 역시 개답게 어느새 노견처럼 변해 있었다 입술 오므리고 암호를 대자 알은체를 한다 그리곤 내 손등 쓱쓱 핥고 빨며 뭔가를 애타게 호소하는 것 같더니 이내 어둠 속으로 사라진다 불러도 못 들은 척, 뒤도 돌아보지 않고

불 꺼진 서재

뭔가를 쓰고 끄적이느라
어두컴컴한 골방에 갇혀 살던 어느 날
책이 밥 먹여주지 않는다는
현실 뒤늦게 깨달은 자신이
한심하다는 듯 그가
오랫동안 머물던 서재 불 꺼진 지 오래됐다
그날 이후, 전화는 불통,
아무도 그의 행방을 모른다
밥값 술값 떨어진 지 오래됐는지
뻔질나게 드나들던 발걸음 뚝 끊겼다
머릿속에 그의 존재감 지워질 때
그를 만난 곳은 지방의
재개발 아파트 현장이었다
그가 하는 일은 일당 십만 원짜리
공사장 허드렛일, 몰골은
책꽂이 먼지 뒤집어쓴 한 권의 서적처럼 낡았다
함바집 뽀글뽀글 파마머리 중년여자
지도에도 표기되지 않는 촌구석

돈 벌러 무작정 상경한 촌뜨기
노무자 대하듯 그를 김 씨, 라는 호칭에
서럽다 못해 해는 떴는데
갑자기 세상이 캄캄했다

새벽시장

밤새 헐거워진 뼈마디
제자리 끼워 맞춘 뒤
새벽 노천시장 둘러본다
장터 바람이 목덜미
얼굴 할퀴는 조붓한 골목
거섶 소쿠리 놓고 앉은 늙은 촌부들
선한 미소 지나치지 못하고
촌부들 눈높이만큼 쭈그려 앉아
한 소쿠리 얼마죠, 물으면
입맛에 맞게 해먹으라며
거섶 한 움큼 듬뿍 얹어준다
노모도 읍내 장날만 되면
그렇게 살다 가셨다

소원

동네 노인정에
둘만 모였다 하면
여자로 태어나 상처 난 마음
서로 토닥거리는 할망들

손자 손녀가 타던
유모차에 공책 볼펜을 싣고
한글 깨치러 모인다

할망들 소원은
한글 깨쳐
자식에게 편지 한 장 써보는 것

버스 행선지 줄줄 읽으며
아들 딸네 집
손자 손녀들 만나러 가는 것

서울이라는 그 머나먼 나라

일 년 만에 찾은 서울역
새벽부터 한껏 단장하고 왔지만
눈치 빠른 서울 사람들
단박에 지방 촌티 알아본다
여전히 낯설고 헷갈리는 혼란 속에
벽시계 시곗바늘 무섭다
오가는 행인 붙잡고
애원하듯 더듬더듬 행선지 물어본다
같은 나라 같은 언어를 쓰는 동족인데
이방인 대하듯
절레절레 고개를 흔들며
말귀 알아듣지 못한다
어렵게 지하철을 탔으나
지옥행 열차
어디에도 내가 발 디딜 틈이 없다
겨우 지상으로 나오니
칠흑만이 나를 반겨주었다
좀처럼 속내를 드러내지 않는

사람의 강을 건너
서울이라는 그 머나먼 나라에
나는 입국했다

보수와 진보의 충돌

객지 사는 친구 아들네가 모처럼 집으로 휴가를 왔다가 아침이 되자 쏜살같이 동네를 빠져나간다 다신 안 올 것처럼. 무슨 일인가 싶어 친구를 냉국수 집으로 불러 자초지정을 물으니 속내 털어놓는다

아침 밥상머리 앞에서 아버지가 정치를 아느냐고 눈알 부라리며 대들다가 끝내 사달이 난 것이다 어미가 애원하며 붙잡아도 소용없더란다

친구 얘기를 듣는 동안
통통 불어터진 국수를 보며 버럭 짜증을 냈더니
화들짝 놀란 국숫집 주인여자
맛이 없느냐 묻는다

손님은 범보다 무섭다

이명

한 해를 갈무리하는 12월 저녁, 살을 에는 추위 아랑곳 않고 양편으로 갈라선 수백만 시민들 가슴은 갈가리 찢겨 만신창이다 촛불은 탄핵! 태극기는 기각! 걱정스럽게 지켜보는데 귓속에서 시끄럽게 매미가 운다

이튿날 예식장에서 만난 지인들에게 고통 털어놓으니 이명(耳鳴)은 노인성 질환일 뿐, 입원할 만큼 위험한 병(病) 아니라는 조언을 들었다

이웃사촌이 되다

골목마다 며칠 동안 중장비 소리 요란하더니 각박했던 동네가 환해졌다 인물이 훤—해졌다 담장이 사라졌다 담장 밖의 풍경과 담장 안의 풍경이 하나가 되었다 담장 밖의 사람과 담장 안의 사람이 서로 알아보기 시작했다 골목에 넘쳐났던 자동차들이 마당으로 전입을 했다 주차 문제로 떠들썩하던 골목에 고성과 삿대질이 사라지자 나의 꽃이 너의 꽃이 되었다 모두의 꽃이 되었다 마음의 문에도 꽃이 피기 시작했다

이웃사촌 소리 듣는 데
몇 년이 걸렸다

쓰디쓴 경험

친구 여럿 모여도 밥값 술값 서로 내겠다고 설레발치곤 했는데 아이엠에프, 외환위기 겪은 뒤 다들 몸 사린다 문지방 걸터앉아 애먼 구두끈만 맸다 풀었다, 화장실 변기에 아예 뿌리를 내리는 친구도 있다

훗달 어느 날

저녁 식탁 위 성찬과 함께 카드 청구서 들이미는 마눌님의 폭정을 묵묵히 견딘다 숟가락이 자꾸 미끄러진다 조심히 일어나 낡은 전기밥솥처럼 거실 구석에 찌그러져 티브이를 본다

눈칫밥

고등학교 졸업하자마자
대학 가는 부잣집 동창들은
신기루 같은 도시로 떠났다
형편 어려운 촌부 아들들
취직하러 객지 뿔뿔이 흩어졌다
친구들 떠난 이듬해 나도
고향 형님뻘 자취방 주소 들고
취직하러 고향 떠나던 날
새벽닭 우는 소리에 일어난 어머니
명절 때 아니면 못 먹는 고깃국
가마솥에 고슬고슬 지은
쌀밥 밥상머리 앞에서
방구들 꺼지도록 한숨짓던 어머니
밥 먹는 내게 말씀하셨다
공부 못시켜 어미 자격 없다만
가거든 몸뚱이 팔며 살되
눈칫밥 먹지 말라시며
꼬깃꼬깃 말아 쥔 여비

손에 꼬옥 쥐어주시며
버스 놓칠라 어서 가거라
삽짝 앞에서 배웅하시던 어머니
그렁그렁 눈물을 보았다
고향 떠나올 때
애끓는 말씀 깊이 간직한 채
출근하면 저물도록 몸뚱이 팔며 사느라
눈칫밥 모르고 살았는데
구조조정으로 명퇴한 뒤
세상에 딱! 한 사람,
아내에게 눈칫밥 먹을 때
어머니 여태 살아계셨더라면
아내도 눈칫밥 먹겠다

웃음을 선물로 받았다

밥그릇 놓고 다투는 전쟁터에서 물러난 뒤
하릴없이 집에만 머무니
감옥살이가 따로 없다

술이 동무요, 낮잠이 소일거리다
이게 아닌데 싶어 다시 양육을 시작했다

손자 맡겨놓고 출근하면
아들이 됐든 며느리가 됐든
퇴근길 들러 데려간다

마주친 이웃들,
나더러 요즘 안색 좋아 보인단다

폐가나 다름없던 집에
하루 종일 웃음소리
철철철 넘친다

만월이 떴다

새벽부터 아내 휴대폰이 난리가 났다 딸내미가 순산했단다 아들이란다 내 아이도, 아이의 아이도 모두 건강하단다 기쁨도 이런 기쁨이 없다

그동안 사돈댁 뵙기 민망했는데 훌훌 벗어던졌다 부모님 살아계실 때 딸자식 둔 부모가 죄인이다, 곱씹던 말씀 허투루 들었는데 딸자식 키우고 그 마음 깊이 헤아렸다

외손자 만나러 도착한 산부인과 병동
이곳저곳 발길 닿는 곳마다
두둥실, 만월이 떴다

계획

손자 기다리는 시댁 어른들 속내도 모르고 철딱서니 없는 사위와 딸내미는 회사 핑계만 둘러댄다. 두 사람 입이라도 맞춘 모양이다. 다 계획이 있단다. 그래, 너희들은 다 계획이 있구나. 그 계획에 속 터져 죽은 부모 초상도 넣어라, 했다.

갯벌

해 뜨기도 전
어부들은 그물 걷으러 바다로 가고
바닷길 열리길 기다렸다는 듯
아낙들도 갯벌로 나간다
거북 등짝처럼 쩍쩍 갈라터질 때
밀물이 상처 난 갯벌 어루만진다
종합병원 위락시설 없다고
낙도 깔보지 마라
갓 잡은 싱싱한 해산물
아무나 맛볼 수 있는 게 아니다
여객선 타고
몇 시간 바닷길 따라 낙도 닿아야
먹을 수 있는 별미 중의 별미!
낙도 어민들 먹여 살리고
자식들 배움의 길 터준 갯벌은
거대한 식량 창고다

헐렁한 자루

내가 코훌쩍일 때
어머니 앞에 손을 내밀면
그게 뭐든 넘치도록 쥐어주셨다
수십 년 지나
가끔 시골 다니러 가면
어머니 촌구석 방임한
후레자식 후레자식 손가락질할까봐
도시로 가자 하면
아서라, 도시는 갑갑해
하루도 못산다! 손사래 친다
오랜만에 어머니와 읍내
목욕탕 다녀온 아내
손에 잡히는 건 툭툭 불거진
뼈마디밖에 없더란다
그러므로 아들인 내가
어머니 헐렁한 자루 속을
채워드려야 한단다

제3부

꽃은 시들어도 꽃이다

아내와 맞벌이하느라 어쩔 수 없이 요양원에 모신 어머니 뵈러 간다 흐릿한 병실 들어서면 거친 비바람 속에도 꺾이지 않던 노인들이 식구처럼 반갑게 맞아 준다 시간, 이라는 병(病)을 이기지 못해 시간에 갇힌 꽃들…… 병실 병실마다 시든 꽃들이 한 가득이다 그 속에 내 어머니가 계신다 꽃들 안쓰러워 요양원 문턱 넘을 때마다 어디선가 이름 모를 꽃들이 진다

문장

여럿 둘러앉은 노인들
이야기 귀동냥하는데
콧등 찡한 얘기만 있는 게 아니라
배꼽 잡을 우스갯소리가
더 많다

누구에게 배운 게 아니라
그날그날 치열한 삶의 현장 속에서
스스로 터득한 거다

내가 만난 노인들
한 분, 한 분마다 농익은
문장 하나씩 있다

악마의 속삭임

늘그막에 들어
사람 그리워지는 어느 날
뜨내기장사치가
자기 집처럼 들락거렸다
그러잖아도 사람 그리운 노인
그 여자와 마주앉아 있으면
해 지는 줄 몰랐다
그러던 어느 해였다
장사치 그 여자
옆집 독거노인 저승길 노잣돈 들고
줄행랑쳤다
그러고도 노인은 되레
그 여자 두둔한다
하긴 남녀의 일은 모르는 일!
짐작하건데 그건
사랑의 노래가 아니라
악마의 속삭임이었다

속보

주말 연속극 보는데
친구가 집으로 전화를 했다
가족들과 시장 가는데
플라타너스 평상 위에 나앉아
우스갯소리 찾던 할매들
모르는 사람이 보면
엄마와 딸이 자매라 하겠다
농담 한마디씩 건넨 뒤
합죽이 입술 다물지 못하더란다
그렇잖아도 동네 할매들
혼기 놓친 딸내미 두고
이러쿵저러쿵 쑥덕거릴 때마다
엄마뻘 되는 할매들과
왠지 다투고 싶지 않더란다
나도 한마디 거들었다
친구는 역시 배포가 넓다
칭찬을 해주었다

한 해를 갈무리하던 그해
친구 딸내미 노처녀 꼬리표 떼고,
중매로 만난 머슴아와
해가 바뀌기 전에 결혼한단다
나도 기쁜 마음을 담아
속보 문자를 보냈다

견적서

일찍 퇴근한 딸내미
살랑살랑 손부채 흔들며
엄마를 방으로 부른다
성형외과 다녀온 견적서 놓고
모녀 사이 날 선 말들이
문틈으로 새어 나온다
늙은 여자든 젊은 여자든
예뻐지고 싶은 건 여자의 본능
그렇다고 멀쩡한 얼굴 뜯어고치겠다는데
어느 부모가 좋아하겠는가
딸내미 덧난 생채기 아물 쯤
거짓부렁 아니라 애비가 볼 때
너는 실물이 훨씬 예쁘다
폭풍 칭찬해주었다

습관

얼마 전부터 우편함 속에
카드 내용물 수북이 쌓인다
가져가 뜯어보고 놀랐다
퇴근한 자식들 불러 확인했더니
카드 몇 장씩 가지고 다닌다
세상물정 모르는 것들
겉멋만 들었구먼,
잘못된 습관 고치지 않으면 훗날
자식들 장래 망친다 싶어
카드 없애라, 없애라 타일렀지만
서로 눈치만 살피는 자식들
스스로 감당할 수 없는
최후통첩을 보낸 며칠 뒤
자진해 카드를 반납했다

봄꽃의 명상

겨우내 움츠린 가지마다
우두둑, 우두둑 기지개 켜는 봄날
나도 움츠린 몸을 추슬러
은빛 물결 반짝이는 강변 둔덕길 지나
연둣빛으로 물든 들녘 거닌다
손가락으로 톡, 건드리기만 해도
자지러지는 숫처녀 젖꼭지만 한 꽃망울들
앞다퉈 꽃망울 터뜨리며
이것들아! 가던 발길 멈추고
어여쁜 날 좀 보고 가라
살랑살랑 손 흔들며 유혹할 때
나도 꽃송이 앞에 그만
말문을 닫아버렸다

저물녘

야근할 때
푸석한 빵과 우유로 허기진 배때기 채우듯
한 끼 때우려
목을 빼든 왜가리
출렁출렁 흘러가는
강물 속을 들여다본다

어찌 보면 저게
나의 삶이다

복어

한적한 병실 침상 위에 낯익은 한 남자가 누워 있다 간경화 말기 몇 달 만에 합병증으로 몸은 가계(家計)처럼 쪼그라들었다 복수 차오르고 가쁜 숨 몰아쉴 때마다 가슴이 철렁 내려앉아요, 환자보다 더 환자 같은 아내가 그간의 근황 털어놓는다 약물에 찌든 만신창이 몸에 독(毒)만 잔뜩 들었다

실업급여

강제 명퇴한 가장에게
실업급여는 생명줄 같은 것
실업급여 끊기기 전에
종일 일자리 구하러 다니다
허탕 치고 돌아가는 저녁
사람들 쉼터나 다름없는
공원 흐릿한 보안등 아래
쓰레기봉투처럼 벤치 쭈그려 앉아
사람들 함부로 내뱉는
오만한 혓바닥 억누르며 참았던
눈물 펑펑 쏟으며 울다
길고양이 잠자리 찾아들듯
살금살금 집 안으로 숨어드는데
자식들 재워놓고 아내 혼자
망부석처럼 앉아 있다

연어가 돌아왔다

몇 년 동안 소식 없어
어미 애간장 태우던
외동딸

아장아장 걷는 아이 손목 잡고
친정집 삽짝 들어선다

어미가 얼마나 찾았는데
이것아!

죄송한 마음
야윈 어미 품에 안겨 흐느껴
울기만 한다

남루한 외동딸 행색에 어미는
넋 놓고 울고

외동딸은

쭉정이 어미 몰골에
밤새 부둥켜안고 울었다

바람도 가끔, 소용돌이친다

아내가 모임에 간단다
모이면 입방아 무섭다던데
주거니 받거니 여러 번
술잔 부딪친 탓일까
밤늦게 집에 들어서자마자
셋방살이 지긋지긋하다
면상(面相)에 삿대질하며 대든다
모임에 가면 사달이 난다
아내와 티격태격하느니
현관 앞에 똥 누는 폼으로 쪼그리고 앉아
담배 개비 불붙일 때
하늘에서 함박눈 펑펑 내린다
고개 젖혀 하늘 올려다보며
저게 눈이 아니라
만 원짜리 돈이라면 금세
셋방살이 벗어날 수 있겠다
꿈꾸던 시절, 이 있었다

소쩍새

가을걷이 끝난 뒤 친구가 직접 가을을 싣고 왔다 아내는? 했더니 둘 다 집을 비우면 가축들 굶긴다고 혼자 왔단다 이웃집에 부탁하고 오면 되지 했더니, 한 집 걸러 폐가란다

새벽에 산촌 떠났을 친구에게 바다를 통째 잡아넣고 얼큰한 매운탕 끓여 먹였다 술잔 기울이다 잠든 사이, 친구 아내가 보낸 휴대폰 문자를 열어보았다

밤이 너무 무섭다 소쩍!
언제 오나 소소쩍!

간이역

자전거 하이킹 하다
무성한 잡초들 속에 방치된
낡은 간이역 발견했다
목이 말라 두리번거리다
간이역보다 더 낡은
하꼬방 점방에 들어갔다
감나무 평상 위에 마주앉아
거섶 다듬는 백발의 노파 옆에
무료함 달래는 노인에게
간이역에 대해 물었다
상행선 하행선 오르내릴 때마다
자식 한 놈씩 태어났어?
이빨 보이며 너스레를 떨 때
째려보던 백발의 노파
거섶 소쿠리 챙겨 후다닥,
부엌 안으로 사라진다

봄단장

입 안에 봄 향기 물씬 풍기는
쑥국으로 아침을 먹고
아파트 슈퍼마켓 평상에 걸터앉아
새색시 손길처럼 보드라운
봄 햇살 쬘 때
한 가닥 외줄에 매달린
한 마리 거미처럼
허공을 짚고 내려오는 가장들
우주 찌꺼기 털어낸
아파트 외벽에 봄단장 한다
봄단장 하는 게 어디
아파트뿐이랴
연둣빛 들녘도 빠르게
봄단장 서두른다

흙

도시는 너무 답답해서
교외 나들이 다녀오기로 했다
전원주택 즐비한 외곽에
차를 세워놓고 콧노래 흥얼거리며
동네 한 바퀴 둘러보는데
핵가족 시대라 그런지
텃밭에 씨앗을 심어놓으면
해와 물과 바람이 농사 지어놓은 걸
따고 캐서 맛나게 먹으면 되지만
갈건이 때마다 택배로 보낸 농산물 박스 바라보면
괜스레 눈시울이 뜨거워진다
학문이 짧은 한(恨) 대물림될까봐
공부하러 도시에 도착한 그해
자취방 학비 웃음이 다 흙에서 나왔다
사시는 동안 좋은 음식도 먹고
여행도 가고 싶었을 텐데
가축 팔러 오일장 따라가면
장터 국밥에 막걸리 드시는 그게

최고 외식으로 기억한다
효도하려 해도
부모는 기다려주지 않듯
단, 일 년 만이라도 자식 어깨에 기대어
사셨으면 좋았을 텐데
불치의 병마와 싸우시다
이승 떠나시던 날
흙이 부모님 육체를 거두어 갔다

로드킬

낡은 집을 허문 뒤
재개발 아파트 짓느라
덤프트럭 오가는 조붓한 길 위에
길고양이 한 마리 죽어있다

사람이든 짐승이든
사체와 처음 맞닥뜨린 나는
섬뜩함에 놀라 황급히 현장을 떠났으나
한참을 걷다가 문득
하찮은 미물(微物)이지만
주검을 거두지 않는다는 것은
예의가 아니었다

사체를 수습한 뒤
아파트 공사장 인부에게 삽을 빌려
흙을 파낸 구덩이 속에
묻어주었다

제4부

순례길

사는 곳은 다 달라도 도착한 곳은 한 끼 배부르게 먹을 수 있는 무료급식소 앞이다 간밤에 축축하게 젖은 마음 햇살에 말리며 줄을 서 있는 사람들 속에는 코로나 창궐로 인해 일자리 잃고 방황하는 이들도 있다

어디서 걸어왔는지 얼마나 기다렸는지 서 있을 힘조차 없는 몇몇은 화단에 엉덩이 반쪽 걸치고 앉아 있다 바닥에 쭈그려 앉은 서러운 눈은 밥 짓고 국 끓이는 주방 쪽을 뚫어져라 바라보고 있다

모자 푹 눌러쓴 채 식판 받아들고 두리번거리다 구석진 곳에 앉아 허겁지겁 먹고 햇살 쏟아지는 양지바른 곳에 앉아 기력 회복한 뒤 다음 끼니 때우러 다시 순례길 오른다

건물주

길을 걷다가 멍하니 서서
우뚝우뚝 솟은 건물
뒷목 뻐근하도록 올려다보며
감탄할 때가 있다

이 세상에 올 때는
건물주도 나도 발가벗고 왔는데
어디서 운명 갈렸나 했더니
태어날 때부터
건물주는 금수저 자식이고
나는 흙수저 자식

그래도 실망하지 않는다
건물주도 나도
백년도 못살고 떠나갈 때는
어차피 빈손으로 갈 텐데
그깟 건물 탐낼 내가 아니다

아내의 시간

가장이지만 하숙생처럼 살다가 모처럼 집안일을 돕기로 했다 네 발로 기어다니며 바닥을 쓱쓱 싹싹 쓸고 걸레로 반짝반짝 닦았다 방에 거실에 널브러진 양말이며 옷을 세탁기에 넣고 빨래를 했다 눅눅한 이불도 툴툴 털어 널었다 큼지막한 비닐봉투에 담긴 쓰레기도 버렸다 별로 한 일도 없는데 하루가 금세 다 갔다 창가에 물든 노을이 유독 붉었다 아내의 시간이 위대하게 느껴졌다 그걸 알아내는 데 수십 년이 훌쩍 지나갔다

그런 시절이 있었다

장손인 형이 딸 낳았을 때, 괜찮다 손자는 다음에 낳으면 되지 하시던 어머니. 둘째도 딸을 낳자 색소폰 찢어지는 소리로 형수를 불러 대놓고 압력을 넣으셨다

집안의 자손 귀하게 여기던 시절이었다 시골에 계신 어머니 찾아뵐 때마다 내게 하소연하듯 손자 못 보고 저승에 가면 조상님 어떻게 뵐까, 넋두리 들으며 밤 지새는 날 많았다

간혹 손자 욕심에 연락도 없이 들이닥친 어머니가 형네 집에 불질러놓으면, 아내와 나는 그 불 끄러 다니기 바빴다

한둘이 아니다

구름 조각들 흘러가듯 비행기 한 대가 허공 속으로 날아간다 금세 아득히 멀어져가는 비행기 뒷목 뻐근하도록 올려다본다 저 비행기 탔더라면 하루 만에 지구 건너편 아이들 만날 수 있는데 눈시울 붉히는 기러기 아빠 한둘이 아니다 퇴근하면 집 안에 왁자한 아이들 웃음소리 손때 묻은 책상 앞에서 울컥울컥 하는 기러기 아빠 한둘이 아니다 하루가 한 달 같고 한 달이 일 년처럼 느끼는 기러기 아빠 한둘이 아니다 가스레인지 불 위에 김치찌개 뚝배기 들썩이듯 식탁에 혼자앉아 어깨 들썩이는 기러기 아빠 한둘이 아니다 얘들아 보고 싶구나 쓰디쓴 술잔 비우다 지쳐 잠든 기러기 아빠 한둘이 아니다 몸뚱이 으스러질망정 자식들 행복 바라기 하는 기러기 아빠 한둘이 아니다

시험지

시험지 받아들고
끙끙 앓는 게 나 하나뿐이랴

가장이라면 누구든
시험지 앞에 골머리 앓다가
문제가 술술 풀리듯
하는 일마다 술술 풀렸으면 좋으련만

세상은
풀고 풀어도
좀처럼 풀리지 않는
시험지 닮았다

즐거운 출근길

시내버스 운전석에 가녀린 여자 기사가 앉아 승객을 맞는다 버스가 환하다 아침이 환하다 운전도 이쁘게 한다 물 흐르듯 부드럽게 안전운전이다 믿음이 바쁜 마음도 가라앉힌다 거칠었던 출근길이 온통 꽃밭이다 대형차는 금녀의 영역이라는 선입견을 버리게 된 즐거운 출근길이다

날벼락

코로나 창궐로 인해
일터도 잃고
꼬박꼬박 들어오던 월급도 끊겼다
졸지에 백수로 전락했다

살다 보면
집에 빚쟁이 들이닥치듯
슬픔도 한꺼번에 들이닥칠 때가 있다

살벌한 전쟁터 속에서
패한 병사가 쓸쓸이 퇴장하듯
그동안 치열했던 삶의 현장 떠나지만
그래도 믿는 구석은 있다

모처럼 집에 들러
애비 손에 용돈 몇 푼 쥐어주는 자식이 아니라
다달이 챙겨주는 연금이 있다

헐렁한 주머니 속에 용돈 두둑해지면
겨울 김칫독 속에 농익은 김치처럼
가슴 깊숙한 곳에 묻어두었던 친구도 찾아보고
태어나고 자란 고향집 둘러보러 갈란다

단잠

영혼이 가출한 줄도 모르고
오랜만에 꿈을 꾸며 단잠을 잤다
단잠을 자는 동안
밤새 악몽에 시달린 게 아니라
로또 당첨된 사람처럼
횡재한 꿈을 꿨다
학맥, 인맥도 없이 말단 직원으로 입사한
보잘 것 없는 시골뜨기 촌놈
중소기업 외동딸 만나
관리 부장으로 특채되어
장인 회사로 자리를 옮겼다
수십 년 근무해도 승진은커녕
한직으로 밀려 빌빌거리다 명퇴했을 텐데
이만하면 앞길 탄탄대로.
이게 꿈이 아니라 현실이라면
살 만한 세상 아닌가

여름

한증막 같은 방 안에
상표도 지워진 낡은 선풍기 틀어놓고
열대야와 씨름하느라
밤잠을 설친 아침

출근하려고 현관문 스윽 밀고 나서니
상쾌한 바람이 콧구멍 속으로 훅 들어온다

돈 많은 부자들은
에어컨 시원하게 틀어놓고 잠을 청하겠지만
종일 더위와 싸우고 받은 월급으로
가족들과 냉면집 간 적도 없는데

TV를 틀면 정치 토크쇼 패널들
말끝마다 정의사회, 공정분배 늘어놓으며
자기들끼리
자화자찬하며 낄낄거리는 모습
눈꼴시고 볼썽사납다

자연 독서실

체한 듯 가슴 답답하면 하던 일 잠시 내려놓고 야외 독서실 간다 탁 트인 자연 독서실에 앉아 책갈피 넘기듯 눈부신 하늘 스윽 올려다보고 눈으로 마음으로 읽는다 오늘은 참 하늘이 푸르고 마알간 햇살도 좋다 귀를 맑게 씻어주는 낭랑한 새소리도 좋고 살갗 간질이는 바람 소리도 좋다 자연이라는 책이 통째로 눈 속으로 들어오니 참 좋다

더부살이

공부방 하나를 놓고
아이들이 티격태격 다툰다
하는 수 없이 대출을 받아
변두리 아파트를 얻어 이사를 했다

오늘밤 늦둥이 어때
속닥속닥 소리, 아이들 방에 들릴 만큼
비좁은 집

어디서 날아든 새 한 마리
베란다 구석진 곳에
둥지를 틀고 알을 낳아 새끼를 키운다

새야 새야 딱한 새야
너도 나처럼
더부살이 면할 길 없구나

사랑방 이발관

동네 사랑방 같은
고즈넉한 이발관에 가면
부부 일터가 있다
봉분에 잡초들 베고 다듬듯
머리카락 자르는 동안
세상살이, 인생살이 덕담 주고받으며
머리카락 다 자르면
살가운 아내가 면도를 해준다
과년한 숫처녀 시절
바람이 전해주는 객지 친구들
결혼 소식 들릴 때마다
마음 조급해
다리품 팔며 수소문하던 어느 날
그곳 토박이 숫총각 만나
부부의 연을 맺은 뒤
자식들 낳고 올곧게 키워
대처(帶妻)로 결혼시킨 알뜰한 부부
세월은 어쩔 수 없다는 듯

부부 얼굴에도 어느덧
굵은 주름, 잔주름뿐만 아니라
깊은 골짜기가 생겼다

눈썰미

횡단보도 건너는데 맞은편 쪽에서 건너오던 중년의 사내가 날 힐긋힐긋 곁눈질하더니 경중경중 되돌아와 어깨를 툭툭 친다 스윽 돌아보니 낯이 익다

한때 변두리 중소기업에서 근무할 때 사무실 여직원을 두고 삼각관계였던 사람이었다 사랑을 빼앗긴 뒤 그녀와 마주칠 때마다 쪽팔려 다니던 회사 그만뒀는데, 단박에 날 알아보다니!

예사 눈썰미가 아니었다

소박한 밥상

간밤에 살풋 서리 내리고
공원에 햇볕 쬐는 노인들
물기 마른 장작처럼 깡마른 팔과 다리며
퀭한 눈에 툭툭 불거진 광대뼈
나목(裸木)을 닮은 노인들
끼니때가 되면
따순 밥이든 찬밥이든
끼니 거르지 않고 먹을 수 있는
소박한 밥상
꿈꾸는
노인들 수두룩하다

아름다운 다툼

시내버스 정류장 근처
구둣방 힐긋 곁눈질했더니
벙어리 부부가 마주앉아
가슴을 탁탁 치며 수화를 한다
그냥 두면 정나미 떨어질까 봐
미닫이문 밀고 들어간다
움찔 놀랄 줄 알았는데
평상시처럼 하얀 미소로 맞아준다
수화로 다투던 벙어리 부부
아무리 크게 싸워도
밖으로 새어 나가지 않을 다툼
세상 가장 아름다운,
다툼을 보았다

해설

다양한 생의 문양(文樣)들

백인덕 시인

1.

오후부터 굵은 빗방울이 떨어질 거라는 당찬 예보가 무색하게 높고 푸른 하늘에 놀빛이 번진다. 두어 시간 마우스를 위아래로 움직여 이렇게도 읽고 저렇게도 본다. 무엇을 하는 게 아니라 남의 시를 갖고 잘 놀고 있는 셈이다. 지나치게 친숙하다 싶다가 문득 낯설어지는 짧은 시행들, 문득 생각 하나가 그 틈을 비집고 들어선다. 고소하고 기름이 많이 나오기로야 잣도 있고 호두도 있고, 세계화 시대이니 이국의 열매를 찾자면 그리 어려운 일이 아닐 것이다. 하지만 뭐니 뭐니 해도 우리의 입맛에는 참깨와 참기름이 여전히 최고다. '깨알 같다'는 비유가 보여주듯 그 작고 가벼운 열매가 더할 수 없는 풍미

(風味)를 선사한다. '거섶'(비빔밥에 들어가는 나물류를 말함: 시인에게서 배웠다)에 참기름만 좀 두르면 이렇다 할 단백질(고기류)을 섞지 않아도 정말 맛깔스런 한 끼가 되고도 남는다.

김성렬 시인의 이번 시집의 작품들은 깨알 같다. 단지 주제의 차원이나 시행의 규모에 대한 인상을 말하는 것이 아니다. 실제로는 이번 시집이 내포한 시간은 한 생이라는 기준에서 보면 유년에서 노년에 이르기까지 장대하다.

내가 빡빡머리 소년일 때
안방에서 툭,
태양이 졌다

그 뒤로 우리 집안은
오래오래 캄캄했다

—「유산」 전문

밥그릇 놓고 다투는 전쟁터에서 물러난 뒤
하릴없이 집에만 머무니
감옥살이가 따로 없다

술이 동무요, 낮잠이 소일거리다
이게 아닌데 싶어 다시 양육을 시작했다

손자 맡겨놓고 출근하면
아들이 됐든 며느리가 됐든
퇴근길 들러 데려간다

마주친 이웃들,
나더러 요즘 안색 좋아 보인단다

폐가나 다름없던 집에
하루 종일 웃음소리
철철철 넘친다

—「웃음을 선물로 받았다」 전문

「유산」에서는 "내가 빡빡머리 소년일 때"라는 시기가 등장한다. 여기서 '소년'은 인생의 특정 시기를, '빡빡머리'는 특정 시대를 곧바로 눈치챌 수 있게 한다. 마찬가지로 「웃음을 선물로 받았다」에서는 "손자 맡겨놓고 출근하면/아들이 됐든 며느리가 됐든"이라는 내용을 통해 시인의 연배를 추측하는 것이 가능하다. 아직까지는 '유산'이나 '웃음' 같은 시어의 함축적 의미를 살펴볼 단계는 아니다. 단지 '깨알 같다'라는 필자의 인상을 좀 더 소명(疏明)하려는 것이다.

시적 대상에 따라 변주(變奏)되는 주제의 다양성도 시간의 폭 못지않다. 시인은 차분한 어조로 원인과 결과를 증명하려는 어법에서 한 걸음 물러섬으로써 오히려 자기의 방식대로 주제를 형상화할 뿐, 결코 섣부른 동어반복에 기대지 않는다.

낮에 괜찮던 몸이
잠자리에 들면
밤을 뒤척이게 한다

뇌혈관, 관상동맥, 요로결석
이게 다 밥 벌어 먹고 사는 동안
몸을 너무 혹사한 탓이다

집도 보수공사를 하며 살아가듯
그동안 써먹은 몸도 늙으면
보수공사를 해줘야 한다

다달이 병원 들락거리며
누군가에게
신세를 져야 한다

—「보수공사」 전문

간밤에 살풋 서리 내리고
공원에 햇볕 쬐는 노인들

물기 마른 장작처럼 깡마른 팔과 다리며
퀭한 눈에 툭툭 불거진 광대뼈
나목(裸木)을 닮은 노인들
끼니때가 되면
따순 밥이든 찬밥이든
끼니 거르지 않고 먹을 수 있는
소박한 밥상
꿈꾸는
노인들 수두룩하다

—「소박한 밥상」 전문

그렇지 않은가? '몸'이야말로 개별자의 완벽한 표상이다. 그 몸에 난 탈(고장)은 무조건 나를 따르는 개(백구)도, 청진기를 들이대는 대학병원 의사도 온전히 인식할 수는 없다. 시인은 이처럼 대체 불가능한 개인 상황에서 무료급식소를 찾아 헤매는 노인 문제, 즉 시대상황에 이르기까지 시야를 확장하고 더 잘 보기 위해 초점을 조정하기까지 한다.

물론 '깨알 같다'라는 것은 시각적 형상으론 엇비슷하다는 것이고, 일상 언어의 용법상으로는 작고 미미하다는 것을 의미하지만 여기에 어떤 고소한 향취를 더해 쓴맛도 고소함의 일종이라는 것을 납득하게 할 수 있다면, 이번 시집의 풍미는 그야말로 은은하게 널리 퍼져나갈 수밖에 없을 것이다.

2.

김성렬 시인의 시세계에는 세계를 구성하는 다양한 문양들, 삶의 무늬가 음각(陰刻)의 형태로 들어 있다. 그래서 문양 자체의 그림자와 선입견이라는 시각의 그늘을 벗어던지기만 한다면 작지만 다채로운 변주의 질감이 생생하게 드러난다.

언젠가 신경림 시인의 강연 녹취록을 본 적이 있다. 강연 테마는 '시를 읽는 재미'였다. 여기서 시인은 시를 재밌게 읽기 위한 방법을 몇 개 추려 들려주는데 이를 다시 요약하면 다음과 같다. 하나는 "시는 단 몇 마디로 힘 있고 분명하게 하는 대화"라는 사실을 인식하는 것이고, 다른 하나는 "머릿속에 그림 한 폭을 그려 넣을 수 있는 시"를 보는 감식안이 필요하고, 또 하나는 "시가 던지는 암시와 비유의 메시지를 읽을 때" 시의 재미를 진정으로 느끼게 되며 끝으로 "치열하고 처절한 사랑의 시"가 시를 읽는 재미를 한층 북돋아준다는 것이다.

지나치게 비약으로 흐를까 걱정이 앞서기도 하지만 앞의 네 가지 테제를 이번 시집에 적용하는 나름의 독법이 생성될 수도 있겠다 싶었다. 물론 약간씩 변형해서 적용할 것이다.

> 골목마다 며칠 동안 중장비 소리 요란하더니 각박했던 동네가 환해졌다 인물이 훤—해졌다 담장이 사라졌다 담장 밖의 풍경과 담장 안의 풍경이 하나가 되었다 담장 밖의 사람과 담장 안의 사람이 서로 알아보기 시작했다 골목에

넘쳐났던 자동차들이 마당으로 전입을 했다 주차 문제로 떠들썩하던 골목에 고성과 삿대질이 사라지자 나의 꽃이 너의 꽃이 되었다 모두의 꽃이 되었다 마음의 문에도 꽃이 피기 시작했다

이웃사촌 소리 듣는 데
몇 년이 걸렸다

—「이웃사촌이 되다」 전문

일반적으로 서정시의 특성을 말할 때, 주관성과 자기 고백적 성격을 일의적으로 앞세운다. 시(서정시)는 누가 뭐래도 자기(시인) 내면(감정)을 밖으로 드러내는(표현) 것임을 강조한다. 그럼 '대화'와 충돌하지 않나, 아니다. 여기서 대화가 의미하는 바는 이른바 '지향성'이다. 즉, 소통을 겨냥하는 것인데, 소통이란 말 그대로 '주고받는 것'이고 그렇게 하기 위해서는 대화 '상대'를 가정(假定)이라도 반드시 설정해야만 한다.

인용 작품은 제목에 포함된 '이웃사촌'이라는 어휘가 명징하게 드러내듯 시인 자신의 정서의 토로(吐露)가 중요한 게 아니고 '이웃사촌이 되다'라는 나와 타자의 상호 인정이 중요하다. 이 작품에 이번 시집의 표제인 "나의 꽃이 너의 꽃이 되었다"가 들어 있다는 것은 이 작품의 중요성을 입증하는 또 하나의 근거가 된다. 시인은 '이웃사촌 되기' 운동을 보여주지

않는다. 흔히 산문으로 썼다면 원인과 경과와 결과 및 시사점 등을 순차적으로 나열해야 했을 것이다. 하지만 시는 이른바 비유와 함축을 통해 시인의 지향을 더욱 도드라지게 하는 특성을 갖는다. 이 작품의 경우 "나의 꽃이 너의 꽃이 되었다 모두의 꽃이 되었다 마음의 문에도 꽃이 피기 시작했다"가 바로 시적 지향의 실제가 된다.

귀농 부부가
늙은 농부들 손발 되어주는 오후

농부 한 걸음
소 한 걸음
엇박자 걸음으로 삽짝 들어설 때

폐가였던 굴뚝에서
저녁밥 짓는 연기 꽃피울 때

마을에 생기가 돈다

—「귀농」 전문

김성렬 시인의 작품들은 대체로 묘사보다 진술을 차용하고 있고, 이미지의 조성보다 진술의 후광 효과, 즉 여운을 겨냥한다. 하지만 군더더기 없는 빠른 장면의 전환은 이야기를 함축한 한 장의 그림처럼 시를 시각적 여운 속에 붙잡아두기도 한다. 위의 인용 작품이 대표적인 경우라 할 수 있다. 1연과 4연의 설명적 진술을, 아니 그 안에 갇힌 2연과 3연을 괄호 치면 농촌의 퇴색한 마을의 풍경이 선연하게 떠오른다. "엇박자 걸음으로 삽짝 들어설 때"와 같은 표현은('삽짝'이 나무로 얼기설기 엮은 문이라는 것도 시인에게 또 배웠다) 우리의 전통 서정에 비춰 아주 탁월한 성취라 해도 과언이 아닐 것이다.

신경림 시인의 취지에 따르면 '시를 읽는 재미'의 또 하나는 "시가 던지는 암시와 비유의 메시지를 읽을 수 있을 때" 가능하다. 거듭 언급하게 되지만 김성렬 시인의 작품들은 장식적인 수사가 없고, 거시적 관점을 배제함으로써 복잡한 입장이나 논리를 풀어내야 하는 부담과 위험이 상대적으로 적다. 즉, 깔끔하면서 인상적이다.

> 새벽부터 아내 휴대폰이 난리가 났다 딸내미가 순산했단다 아들이란다 내 아이도, 아이의 아이도 모두 건강하단다 기쁨도 이런 기쁨이 없다
>
> 그동안 사돈댁 뵙기 민망했는데 훌훌 벗어던졌다 부모님 살아계실 때 딸자식 둔 부모가 죄인이다, 곱씹던 말씀 허투루 들었는데 딸자식 키우고 그 마음 깊이 헤아렸다

외손자 만나러 도착한 산부인과 병동
이곳저곳 발길 닿는 곳마다
두둥실, 만월이 떴다

—「만월이 떴다」 전문

인용 작품의 1연은 사건의 경과를 핵심만 추려 빠르게 진술하고 있다. 따라서 비유가 들어설 자리가 없다. 2연은 1연의 사건이 함축한 의미를 시인의 입장에서 과거('곱씹던 말씀')와 현재('민망')를 연결해 기술하고 있으니 암시라고 할 수는 없다. 하지만 3연에 등장하는 "만월이 떴다"는 만월의 강한 상징성과 암시를 통해 시인의 개인적 사건을 넘어서 새 생명 탄생에 대한 보편적 정서, 즉 경탄과 축복의 심정까지 다 드러내고 있다. '달'이 여성성의 대표적 상징물이고, '만월'이 가득한 기대 또는 기쁨의 이미지라는 것은 이제 상식적이다. 이를 시인은 '산부인과'에 "만월이 떴다"는 조금은 과격한 결합을 통해 보편적이지만 새로운 의미를 개척하고 있다. 시 읽는 재미를 구축하는 데 성공했다.

시내버스 정류장 근처
구둣방 힐긋 곁눈질했더니
벙어리 부부가 마주앉아
가슴을 탁탁 치며 수화를 한다

그냥 두면 정나미 떨어질까 봐
미닫이문 밀고 들어간다
움찔 놀랄 줄 알았는데
평상시처럼 하얀 미소로 맞아준다
수화로 다투던 벙어리 부부
아무리 크게 싸워도
밖으로 새어 나가지 않을 다툼
세상 가장 아름다운,
다툼을 보았다

—「아름다운 다툼」 전문

신경림 시인은 '치열하고 처절한 사랑의 시'가 재밌다 한다. 나도 그렇다. '사랑의 시' 하면 대부분 '연애시'나 연애의 감정에 사로잡힌 불안한 정서를 먼저 떠올린다. 뭐, 인지상정일 것이다. 하지만 '치열하고 처절한'이란 수식, 아니 제한에 대해서는 생각의 여지가 많다. 그만큼 이론(異論)도 많을 것이다. 필자의 판단으로는 표현의 강도가 아니라 사태를 접하는 진정성이라는 기준에서 보면 이번 시집에 수록된 '사랑의 시'는 다 '치열하고 처절한 이면(裏面)'을 가졌다고 할 수 있다. 그 중에서도 위의 인용 작품이 가장 뛰어나고 감동적이다.

어떤 경우는 과학적 사실로도 관습적 이해를 깨뜨리지 못한다. 언제부턴가 장미는 사랑의 대표적 상징물이 되었고, 붉

디붉은 장미일수록 그 사랑의 강렬함이 더 크다고 믿는다. 거기에 하얀 장미, 즉 백장미가 더 뜨거운 정열의 표상이라고 아무리 우겨봐야 아무 소용이 없다. 그래서인지 시인은 '백열(白熱)의 사랑'을 어떤 선입견도 없이 그대로 보여준다. 버스 정류장 근처 작은 구둣방 안의 벙어리 부부는 관념의 산물이 아니라 생생하게 실재하는 우리 이웃이다. 물론 그들은 싸울 때 '수화'로 한다. 그전에 눈빛이나 얼굴빛이 동원되었겠지만 그걸 알아차리기는 어렵고, 수화가 시작되면 꽤나 시끄럽게 싸운다. 시인은 이를 지켜보다 "그냥 두면 정나미 떨어질까봐/미닫이문 밀고 들어간다". 이 개입도 열점은 낮지만 뜨거운 사랑의 표출이다. 그런데 부부는 평상시처럼 "하얀 미소로 맞아준다". 하얀 미소 또한 낮지만 뜨거운 환대를 드러낸다. 여기서 사랑은 '배려'라는 이름으로 재번역 될 수 있다. 오직 자기와 자기가 포획하고자 하는 표상인 대상, 객체에 집중하는 데서 벗어나 상대적인 타자를 향해 자기 마음과 기분을 조정하는 것, 이것이야말로 진정 '치열하고 처절한 사랑'의 한 양태라 할 수 있다. 시인은 이 사실을 압축해서 묵직한 메시지로 전달하는 데 성공하고 있다.

3.

비관하자면 세상은 내가 태어나기 전에도 그랬고, 살아가는 내내 엉망인 채 나를 괴롭혔고 어쩌면 나로 인해 내 후세들마저 괴롭힐 것이다 단정할 수도 있다. 아무리 생각을 거듭해도 이 세계를 구성하는 인자(因子)와 원리를 한눈에 파악하기 어렵기 때문이다. 그럼에도 불구하고 정보의 홍수가 아니라 쓰나미 시대에 갖가지 사건과 논리와 사상과 비전들은 우후죽순처럼 돋아나 나를 에워싼다. 이 세계에 대한 염려는 곧 분노가 되고 분노는 체념으로 체념은 무관심으로 변해 세계와 나의 연결 고리가 다 끊어진 것처럼 생각하고 행동하게 한다.

김성렬 시인이 이 세계와 더불어 호흡하고 있었음은 여러 작품을 통해 쉽게 확인할 수 있다. 가령, 「맞선」, 「입주」, 「상속」 등에서 보이는 좌절감과 「서울이라는 그 머나먼 나라」, 「실업급여」, 「건물주」 등의 작품에서 보이는 소외감 등이 역으로 그 사실을 반증한다. 보수와 진보라는 정치적 견해 차이로 갈라지고, 다시 '금수저 흙수저'라는 경제적 차이로 찢어지기만 하는 세상에서 시인은 과연 무슨 생각으로, 어떤 자세로 오늘에 이를 수 있었을까.

가난 때문에 접어야 했던
문학의 꿈마저 마음에서 떠났구나 생각했는데
수십 년 지난 어느 날
문학에 대한 열정이 생경한 듯

더듬더듬 떠올랐다

그날 이후 문학은
아무리 뿌리치려 해도 뿌리칠 수 없는
신앙이 되어버렸다

그런 내가
여태껏 이혼 당하지 않고
온전히 살아남은 것은
거의 기적에 가깝다

—「기적」 전문

인용 작품을 보면 일단 안심이다. "문학에 대한 열정이 생경한 듯/더듬더듬 떠올"라 이제는 "아무리 뿌리치려 해도 뿌리칠 수 없는/신앙이 되어버렸"으니 시인은 일단 강한 '믿음'의 존재라는 게 밝혀져서 다행이다. 게다가 "여태껏 이혼 당하지 않고/온전히 살아남은" 기적을 체험하고 있으니 더더욱 다행이다. 다 안다. 이 작품은 약간의 과장과 허풍이라는 조미료를 뿌렸음을. 하지만 상실과 소외에 대응하는 전술로써 약간의 과장과 해학적 허풍은 늘 허용되고 소기의 효과를 거두기도 한다.

시인은 '기적'이라는 말, 현재 현실에서는 해명할 수 없는 사태로 자신의 시작(詩作), 또는 인생을 얼마쯤 뒤에 감추려 하지만 이번 시집의 여러 시편들은 그 '기적'이 생성된 원인에 대한 풍부한 암시를 내포하고 있다.

뭔가를 쓰고 끄적이느라
어두컴컴한 골방에 갇혀 살던 어느 날
책이 밥 먹여주지 않는다는
현실 뒤늦게 깨달은 자신이
한심하다는 듯 그가
오랫동안 머물던 서재 불 꺼진 지 오래됐다
그날 이후, 전화는 불통,
아무도 그의 행방을 모른다
밥값 술값 떨어진 지 오래됐는지
뻔질나게 드나들던 발걸음 뚝 끊겼다
머릿속에 그의 존재감 지워질 때
그를 만난 곳은 지방의
재개발 아파트 현장이었다
그가 하는 일은 일당 십만 원짜리
공사장 허드렛일, 몰골은
책꽂이 먼지 뒤집어쓴 한 권의 서적처럼 낡았다
함바집 뽀글뽀글 파마머리 중년여자
지도에도 표기되지 않는 촌구석

돈 벌러 무작정 상경한 촌뜨기
노무자 대하듯 그를 김 씨, 라는 호칭에
서럽다 못해 해는 떴는데
갑자기 세상이 캄캄했다

—「불 꺼진 서재」 전문

작품에 등장하는 '김 씨'가 굳이 시인 자신이라는 것을 증명할 필요는 없다. 하지만 여러 정황은 그렇다는 쪽으로 기운다. "어두컴컴한 골방에 갇혀" 문학이 자신의 운명이라 믿으며, 현실 밖으로 아니 현실을 개척하고자 애쓰던 젊은 날의 초상이 다른 시편들에도 언뜻 비치기 때문이다. "서럽다 못해 해는 떴는데/갑자기 세상이 캄캄했다"는 것을 변명이나 자기 해석을 덧대지 않고 그대로 드러낼 용기가 있다. 이것이 기적의 첫 번째 요인이다.

오랜만에 만난 친구와 반가움을 주체 못하겠다는 듯 낄낄거리며 걸어가는데 인도 구석진 곳에 웅크리고 앉아 오가는 행인들 살피던 한 노인이 불쑥 손을 내민다 천성이 여린 친구가 노인의 눈높이만큼 쭈그려 앉아 가죽뿐인 노인의 손에 천 원짜리 몇 장 꼬옥 쥐어준다 봉급으로 식구들 간수하기도 빠듯할 텐데 꼬박꼬박 봉사단체 기부도 하는 녀석이다 그 모습 물끄러미 지켜보며 누군가를 위해 기꺼이 지갑 연다는 것은 아무나 할 수 있는 게 아닌데 싶었다 그날 내 눈에 비친 친구는 감히 엄두도 낼 수 없는 어마어마한 사람이었다

—「어마어마한 사람」 전문

시인이 이룩한 기적의 두 번째 요인은 '긍정의 힘'이다. 인용 작품에서 시인은 오랜만에 만나 친구의 작은 선행을 목격한다. 그런데 그것은 일회성 사건이 아니라 그 친구를 통해 세계를 다시 보게 하는 힘으로 작용한다. 왜냐하면 그 친구를 시인이 '어마어마한 사람'이라고 인정했기 때문이다. "노인의 손에 천 원짜리 몇 장"을 쥐어주는 행위가 아니라 그 행위의 어려움과 진정성을 시인이 눈으로 직접 확인했기에 나아가 이를 작품으로 형상화했다는 것은 그런 친구를 시인이 지향했다고 볼 수 있다는 점에서 중요한 의미가 있다.

김성렬 시인의 이번 시집에서 눈에 쏙 들어오는 특이한 점은 시편들의 제목이 명사와 문장으로만 되어 있다는 점이다. 문장도 명제형이 아니라 일종의 동작형이라 할 수 있다. 명사는 독자 제위께서 목차만 봐도 확인할 수 있을 테고, 문장의 경우, 「눈꺼풀이 무겁다」, 「꽃은 시들어도 꽃이다」처럼 상태나 자격을 지칭하거나 「이웃사촌이 되다」, 「바람도 가끔, 소용돌이 친다」처럼 동작의 결과 형태로 되어 있다. 주지의 사

실이지만 명사는 그 자체로는 다른 어떤 것을 지시하기만 할 뿐, 문맥 속에서만 의미를 형성한다. 즉 자기 자신이 아니라 다른 것과 연결되었을 때만 의미가 생겨난다. 마찬가지로 시인의 문장 형태들은 그 자체가 명제가 아니라 의미를 끌어오기 위한 일종의 걸쇠 역할만 한다. 결론적으로 말하자면 시인의 작품들은 대개가 언표된 것 이상을 해석을 통해 끌어내라는 일종의 바람으로 구성되었다는 것이다. 그 바람을 공감의 형태로 수행하느냐 마느냐는 물론 순전히 독자의 몫이다.

이 도서의 국립중앙도서관 출판시도서목록(CIP)은 서지정보유통지원시스템 홈페이지(http://seoji.nl.go.kr)와 국가자료공동목록시스템(http://www.nl.go.kr/kolisnet)에서 이용하실 수 있습니다.(CIP제어번호: CIP2020022475)

문학의전당 시인선 0324

나의 꽃이 너의 꽃이 되었다

초판 1쇄 인쇄 2020년 6월 8일
초판 1쇄 발행 2020년 6월 15일
지은이 김성렬
펴낸이 고영
책임편집 이리영
디자인 헤이존
펴낸곳 문학의전당
출판등록 제448-251002012000043호
주소 충북 단양군 적성면 도곡파랑로 178
전화 043-421-1977
전자우편 sbpoem@naver.com

ISBN 979-11-5896-470-2 03810